LA GRANDE IMA

LA RÉVOLUTION FRANÇAISE

TEXTES **CHRISTINE SAGNIER**
ILLUSTRATIONS **JEAN-NOËL ROCHUT**

FLEURUS

À LA VEILLE DE LA RÉVOLUTION

Avec 28 millions d'habitants, des terres abondantes où poussent le blé, l'avoine, la vigne, avec l'armée la plus puissante d'Europe, avec Paris, la capitale, et ses 600 000 habitants, avec le château de Versailles comme symbole du luxe et de la monarchie, la France des années 1780 suscite l'admiration. Pourtant, sous cette brillante façade, le royaume se fissure et la révolte gronde. En 1788, le pays est à la veille d'une révolution dont les répercussions se feront sentir bien au-delà des frontières de l'Europe.

Une économie en crise

Environ 90 % de la population vit à la campagne. Mais les outils sont très anciens et les engrais manquent. De mauvaises conditions climatiques ruinent les récoltes. Alors, la farine étant rare, le prix du pain monte. Les gens dépensent presque tout leur argent en nourriture et le chômage augmente.

La monarchie en difficulté

La France est une monarchie absolue : le roi qui représente Dieu sur terre a un pouvoir absolu. Mais Louis XVI n'a pas le prestige de ses prédécesseurs. Il n'aime pas le pouvoir et préfère la chasse et la serrurerie. Quant à la reine Marie-Antoinette, coquette et dépensière, elle est très vite impopulaire.

L'État au bord de la faillite

Les finances du royaume sont catastrophiques. Les dépenses royales sont considérables et l'argent qui entre dans les caisses est insuffisant. Seul le tiers état, la population la plus pauvre, paie l'impôt. Des réformes ont été tentées pour plus d'équité mais les privilégiés s'y sont opposés.

Georges Jacques Danton
(1759 - 1794)

Créateur du club des Cordeliers en 1790, Danton est ministre de la Justice dans le gouvernement provisoire qui suit la chute du roi. Député de la Convention en 1792, il siège parmi les Montagnards.
Il dirige le Comité de salut public avant d'être remplacé par Robespierre. Chef du parti des Indulgents, il réclame la fin de la Terreur en automne 1793. Arrêté en mars 1794 par le gouvernement révolutionnaire, il est guillotiné.

Jacques Hébert
(1757 - 1794)

Fondateur en 1790 du journal *Le Père Duchesne*, Hébert est membre de la Commune de Paris en 1792. Soutenus par les sans-culottes, lui et ses amis, les Enragés, sont partisans de mesures révolutionnaires toujours plus radicales et luttent avec acharnement contre les Girondins et les modérés dont fait partie Danton. Robespierre fait exécuter Hébert peu avant Danton.

Emmanuel-Joseph Sieyès
(1748 - 1836)

Homme d'Église, Sieyès publie en 1789 une brochure intitulée *Qu'est-ce que le tiers état ?* dans laquelle il défend le peuple. Député du tiers aux états généraux, il est favorable à la monarchie constitutionnelle mais vote la mort du roi à la Convention. Lors du Directoire, il est d'abord président des Cinq-Cents, puis directeur en 1799. En organisant le coup d'État du 18 brumaire, il donne le pouvoir à Bonaparte.

Marie-Antoinette
(1755 - 1793)

Fille de l'impératrice Marie-Thérèse d'Autriche, Antonia, appelée Marie-Antoinette par les Français, épouse en 1770 le Dauphin Louis, qui devient roi en 1774. Succédant à des souveraines effacées, la jeune reine veut changer les usages de Versailles et s'attire les critiques. Hostile aux idées nouvelles, elle incite Louis XVI à résister à la Révolution. Emprisonnée au Temple le 10 août 1792, elle est guillotinée après son époux, en octobre 1793.

Jean-Paul Marat
(1743 - 1793)

Médecin, né en Suisse, Marat est membre du club des Cordeliers, où il défend avec vigueur les intérêts du peuple. Dans son journal *L'Ami du peuple*, très apprécié des sans-culottes, il encourage à la violence contre les ennemis de la Révolution. Député à la Convention, il œuvre pour la condamnation de Louis XVI.
Il est assassiné dans sa baignoire par la jeune royaliste Charlotte Corday.

Maximilien de Robespierre
(1758 - 1794)

Avocat, Robespierre est élu représentant du tiers état pour la ville d'Arras en 1789.
Partisan du suffrage universel, de la liberté de la presse, de l'enseignement obligatoire, de l'abolition de la peine de mort, il siège à la Convention parmi les Montagnards. Membre du Comité de salut public en juillet 1793, il approuve la Terreur.
Il est arrêté le 27 juillet 1794 par la Convention et guillotiné.

Marquis de La Fayette
(1757 - 1834)

Bien qu'appartenant à la haute noblesse, La Fayette croit aux idées de liberté et d'égalité, et se bat aux côtés des révolutionnaires américains lors de la guerre d'Indépendance.
Représentant de la noblesse aux états généraux, il est favorable à l'Assemblée constituante et devient commandant de la garde nationale de Paris. Fervent partisan de la monarchie constitutionnelle, il fuit la France lors de la chute du roi.

Louis XVI
(1754 - 1793)

À la mort de Louis XV, son père, en 1774, le peuple attend de lui qu'il lui apporte bonheur et paix. Mais la situation financière du pays est critique. La convocation des états généraux est fatale au roi,qui va perdre popularité et pouvoir. Influencé par son épouse, il joue un double jeu, faisant semblant d'accepter la Constitution. Suspendu de ses fonctions le 10 août 1792, il est condamné et exécuté le 21 janvier 1793.

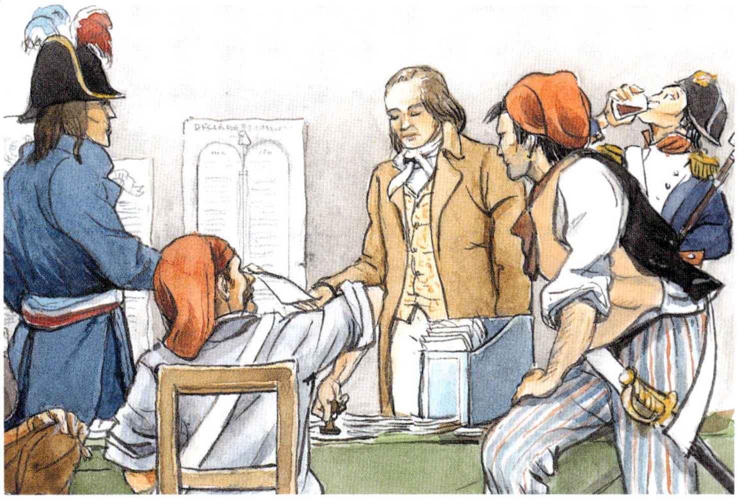

Le comité révolutionnaire délivrant un certificat de civisme à un citoyen

La Grande Peur, en août 1789

Un condamné passe à la guillotine

La Prise de la Bastille, le 14 juillet 1789

La prise des Tuileries, le 10 août 1792

Le serment du Jeu de Paume 20 juin 1789

Camille Desmoulins (1760 - 1794)

C'est lui qui, dans les jardins du Palais-Royal, encourage la foule à prendre les armes le 12 juillet 1789. Membre du club des Cordeliers, il fait passer ses idées révolutionnaires dans son journal *Les Révolutions de France et de Brabant*. En 1793, il attaque Hébert et ses partisans dans sa nouvelle publication intitulée *Le Vieux Cordelier*. Il est arrêté et guillotiné par le gouvernement révolutionnaire en même temps que Danton.

Le Tribunal révolutionnaire

DES IDÉES NOUVELLES

De nouvelles idées circulent dans les salons et les cafés : il est question de liberté et d'égalité. Des penseurs, comme Voltaire, Rousseau, Montesquieu, Diderot, critiquent la monarchie absolue, l'Église catholique, et réfléchissent à une organisation différente de la société. Ce sont les philosophes des Lumières. Pour eux, la monarchie anglaise, où le roi partage son pouvoir avec le Parlement, est un modèle.

Montesquieu

Rousseau

Diderot

Voltaire

Les privilégiés et les autres

La société est séparée en trois ordres : les privilégiés, le clergé et la noblesse, et le tiers état, composé de paysans, artisans et bourgeois. Des divisions existent au sein de ces ordres comme entre les évêques et les curés de village ou les nobles qui brillent à la cour et ceux qui vivotent dans leur manoir. Le tiers état a aussi ses privilégiés : les laboureurs font figure de nantis. Les bourgeois détiennent une grosse partie de la fortune de la France.

Un royaume désuni

Le royaume est mal organisé. Le roi est représenté en province par des intendants en matière de justice, de police et de finances. Or leur travail est souvent inefficace faute d'unité sur le territoire, en matière d'impôts, de justice, de poids, de mesures. Un tiers des habitants ne parlent pas français, mais breton, alsacien, provençal…

Caricature du tiers état supportant le clergé et la noblesse

LA NAISSANCE D'UNE NATION

Les caisses de l'État sont vides. Le 8 août 1788, Louis XVI suit le conseil de son ministre des Finances, Necker, et convoque les états généraux : il veut faire voter aux représentants des trois ordres des impôts exceptionnels. Sourd aux attentes des Français, le roi croit encore pouvoir régler la crise financière sans proposer de réformes politiques. Il déclenche alors un vaste mouvement qui, dans un tourbillon de violence, signera la perte de la monarchie et la naissance d'une Nation.

Les états généraux

Début 1789, les trois ordres élisent les députés qui partiront pour Versailles former l'assemblée des états généraux. Chaque homme d'au moins 25 ans payant l'impôt peut noter ses revendications dans des cahiers de doléances adressés au souverain. S'ils reconnaissent encore le roi comme le père du royaume, ils attendent pourtant des changements. Le clergé envoie 291 députés, la noblesse 270. Le tiers état, qui représente environ 96 % de la population, en envoie le double, soit 578. Mais à quoi bon doubler le chiffre si le vote a lieu par ordre et non par tête, les ordres privilégiés étant alors certains de l'emporter à deux voix contre une ? Le 4 mai 1789, lors de la cérémonie précédant l'ouverture des états généraux, l'infériorité du tiers état est soulignée par la différence des costumes de chaque ordre : ornés de dentelle, d'or et de soie pour la noblesse (1) et le clergé (2), tout noirs pour le tiers état (3).

Les émeutes de la faim

L'hiver 1788 et le printemps 1789 se déroulent dans un climat de violence. Des émeutes, dues à la faim, éclatent partout en France. Le peuple pille des boulangeries, attaque des couvents où il croit que l'on cache du grain. Aux émeutes s'ajoutent des grèves ouvrières qui tournent à la révolte. À Paris, le fabricant de papiers peints Réveillon est pendu pour avoir tenu des propos méprisants à l'égard des ouvriers.

Création de l'Assemblée nationale

Au mois de juin, la question du vote par tête n'est pas réglée. Le roi vient de perdre son fils aîné et son chagrin l'emporte sur les affaires politiques. Le tiers état veut des réformes profondes et rallie à sa cause des membres du bas clergé. Le 17 juin, le tiers état, qui se considère comme le représentant de la Nation, se déclare Assemblée nationale, seule apte à décider de l'impôt. La Nation souveraine se dresse face au pouvoir royal.

Le serment du Jeu de paume

Le 20 juin, le roi fait fermer la salle où siège le tiers état. Celui-ci s'installe dans une salle destinée au jeu de paume. Ses membres souhaitent donner au royaume un texte déterminant l'organisation politique du pays : la Constitution. Le 23 juin, le roi, qui préside la séance des états généraux, exige que les trois ordres se séparent. La noblesse approuve, mais le tiers état et le bas clergé refusent d'obtempérer. Le roi cède et l'Assemblée se déclare Assemblée nationale constituante le 9 juillet 1789.

LA RÉVOLUTION EN MARCHE

Jusqu'à la proclamation de l'Assemblée nationale constituante, la réforme s'est faite en douceur. Et c'est le roi lui-même qui provoque la Révolution en accumulant les maladresses. L'appel des troupes de mercenaires étrangers et le renvoi de Necker, partisan des réformes, alarment les Parisiens, qui s'arment et prennent la forteresse de la Bastille. À peine trois semaines plus tard, les privilèges sont abolis. C'est la chute de l'Ancien Régime.

La Prise de la Bastille

Paris est en ébullition. Le bruit court qu'un complot se trame contre le peuple. Dans la rue, des hommes incitent la foule à se défendre. Les gens s'arment de piques, de bâtons, d'épées. Le 13 juillet 1789, pour protéger leurs biens, les bourgeois forment une milice dont les membres se reconnaissent à la cocarde tricolore qu'ils portent à leur vêtement : rouge et bleu, les couleurs de Paris, associés au blanc de la royauté. Le 14 juillet, la foule pille les armes de l'hôtel des Invalides. Comme la poudre manque, elle attaque la forteresse royale de la Bastille. La Bastille prise, c'est le symbole de la toute-puissance royale que le peuple a abattu. Apprenant la nouvelle, le roi croit à une émeute. « Non, Sire, lui répond-on. C'est une révolution. »

La grande peur

Dans les campagnes, les paysans attaquent les châteaux et brûlent les archives où sont inscrits les droits des seigneurs. Pour rétablir le calme, l'Assemblée abolit les privilèges durant la nuit du 4 août. L'ordre revient, même si la propriété est réaffirmée et si certains droits, sortes d'impôts sur les terres, doivent être rachetés. Les plus pauvres restent donc sans terres et enchaînés aux seigneurs. Il faudra attendre juillet 1793 pour que les privilèges soient vraiment supprimés.

Alors que la Constitution s'élabore lentement, les députés rédigent un texte qui définit la nouvelle place de l'individu dans la société : la Déclaration des droits de l'homme et du citoyen, votée le 26 août 1789, dont voici les grands principes : l'égalité et une même loi pour tous, la liberté de choisir sa religion, d'exprimer ses opinions, le droit à la propriété et la souveraineté de la Nation.

En prenant la Bastille, les Parisiens se sont attaqués au symbole de la royauté. Le 15 juillet, Louis XVI renvoie les troupes et rappelle Necker. Le 17, il est reçu à l'hôtel de ville de Paris par le maire Bailly. Il apparaît au balcon avec, à son chapeau, la cocarde tricolore remise par La Fayette, promu chef de la milice parisienne, rebaptisée garde nationale. La foule acclame son souverain.

La marche sur Versailles

Le roi tarde à signer les décrets de l'Assemblée, et, à Paris, le pain manque désespérément. Le 5 octobre, les femmes en colère décident de marcher jusqu'à Versailles pour obliger Louis XVI à signer. Au château, le climat s'envenime. Finalement, le roi accepte de signer les décrets. Il est ramené à Paris avec sa famille par 30 000 personnes qui entourent le carrosse.

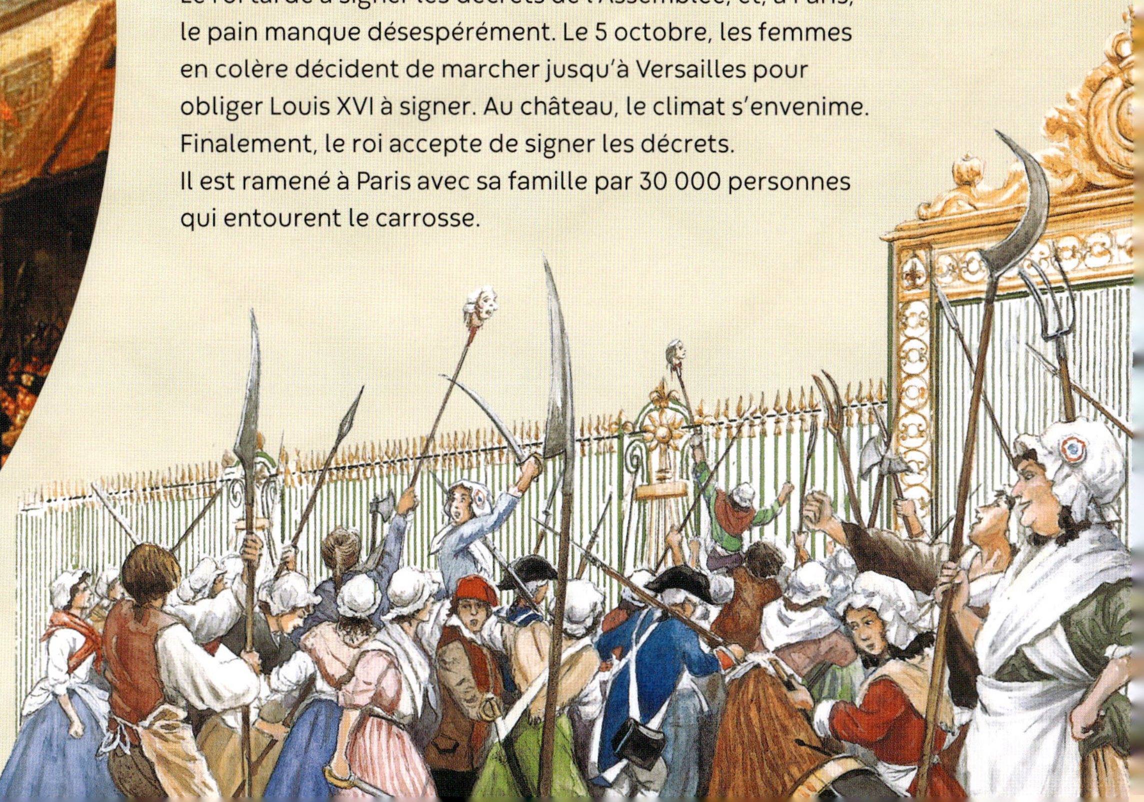

LE PARTAGE DU POUVOIR

Une France nouvelle voit le jour sous l'œil attentif de toute l'Europe. Les finances, l'administration, la justice et le clergé sont réorganisés. La Constitution, votée en 1791, établit une monarchie constitutionnelle : Louis XVI, qui perd une partie de son pouvoir, doit reconnaître la Nation souveraine au-dessus de lui. La fête de la Fédération, célébrée le 14 juillet 1790, fait croire en la réconciliation du peuple et de son roi, mais la réalité est tout autre dans un pays déchiré par les querelles religieuses.

La réorganisation du pays

Pour en finir avec les inégalités entre provinces, le pays est découpé en 83 départements de superficie égale. Les douanes intérieures sont supprimées pour faciliter la circulation des marchandises. Un billet de banque est créé, l'assignat, utilisable sur tout le territoire. Pour résoudre ses problèmes financiers, l'État s'approprie les biens du clergé et les vend. Les impôts sont remplacés par des contributions versées par tous, chacun selon ses moyens. En matière de justice, les juges sont nommés et payés par l'État, les jurys sont constitués de citoyens. La torture est abolie.

Le peuple peut désormais discuter politique dans la rue, mais modérément, car une loi de 1791 interdit toute association ouvrière.

Vive la politique !

Les questions politiques se discutent dans la rue comme dans les clubs pour échanger leurs idées. À Paris, le plus connu est le club des Amis de la Constitution, futur club des Jacobins, qui est en contact permanent avec des clubs de province. La capitale ayant été divisée en 48 sections ou quartiers, les citoyens se réunissent aussi en assemblées de sections. Mais les moins riches n'ont pas le droit de voter car le suffrage est censitaire, c'est-à-dire réservé à ceux qui paient un impôt important : le cens.

Fête de la Fédération au Champ-de-Mars, le 14 juillet 1790

La question religieuse déchire le pays

Les réformes touchent aussi le clergé, avec l'adoption de la Constitution civile du clergé du 12 juillet 1790. Évêques et prêtres sont désormais élus et salariés de l'État, leurs biens leur ayant été retirés. À partir de novembre 1790, ils doivent prêter serment à la Constitution civile. Les réactions ne tardent pas. Le pape condamne la réforme. Le clergé français est écartelé : d'un côté les réfractaires, de l'autre les jureurs.

C'est parce que son visage a été reconnu sur un écu que Louis XVI a pu être arrêté.

LE DOUBLE JEU DU ROI

Le roi et la reine n'ont jamais accepté le nouveau régime. Persuadés que seule une guerre extérieure peut anéantir la Révolution, ils font appel aux souverains européens dès 1789. Le 20 juin 1791, Louis XVI fuit avec sa famille vers la frontière nord, protégé par des soldats fidèles postés le long de la route. Mais la berline prend du retard et le roi est reconnu. La famille royale est arrêtée à Varennes et ramenée sous bonne escorte aux Tuileries.

La réorganisation du pouvoir

Avec la première Constitution française, adoptée en septembre 1791, Louis XVI n'est plus roi de France, mais roi des Français. Le pouvoir est partagé : l'Assemblée nationale fait les lois, le roi les fait exécuter. Il choisit ses ministres, nomme les chefs militaires et dirige la politique extérieure. Il peut s'opposer aux lois votées par l'Assemblée grâce à un droit de veto valable 4 ans. L'Assemblée veut croire à la bonne volonté du roi, qui, lors de la grande fête de la Fédération du 14 juillet 1790, a prêté serment de fidélité à la Nation.

VERS UNE DEUXIÈME RÉVOLUTION

Le roi, placé sous bonne garde, est suspendu de ses fonctions. C'est la consternation générale, car s'il est destitué, la monarchie constitutionnelle s'effondrera. Les riches bourgeois ont peur de ne plus gagner autant d'argent une fois la République proclamée. Le petit peuple parisien, au contraire, se veut déjà républicain. Dans les campagnes, on craint l'invasion étrangère, tandis que dans toute l'Europe, les monarques s'inquiètent de la propagation des idées révolutionnaires. La guerre menace.

La fusillade du Champ-de-Mars marque la rupture entre les bourgeois de la garde nationale et le petit peuple.

Le face-à-face des révolutionnaires

En fuyant, le roi a affiché son désaccord avec le régime. L'Assemblée, qui craint le retour de la Révolution, décide d'innocenter Louis XVI en le prétendant victime d'un enlèvement. Mais le peuple ne croit pas en l'innocence du roi et, le 17 juillet 1791, plus de 10 000 manifestants se rassemblent au Champ-de-Mars pour signer une pétition en faveur de la proclamation de la République. La garde nationale est envoyée sur place pour dissiper le rassemblement, elle encercle la foule, qui panique. La garde tire. Une cinquantaine de personnes sont tuées.

Les sans-culottes sont les artisans et ouvriers qui forment le petit peuple de Paris. On les appelle ainsi parce qu'ils portent le pantalon et non la culotte des riches (estampe).

Un soldat de la garde nationale (estampe)

Pour le retour à l'ordre

Rétabli sur son trône depuis le 3 septembre 1791, Louis XVI prête serment à la Constitution le 30 septembre. Le 1er octobre, l'Assemblée constituante fait place à l'Assemblée législative, qui fait les lois. La nouvelle Assemblée compte 745 députés qui se placent selon leurs opinions : à droite du président, 264 députés Feuillants, favorables au maintien du roi ; à gauche, 136 députés, membres du club des Jacobins et de celui des Girondins, hostiles au souverain. Au centre, 345 députés se rapprochent d'un bord ou de l'autre selon les circonstances.

Enrôlement des volontaires (estampe)

Les émigrés et la contre-révolution

Depuis juillet 1789, les aristocrates fuient la France pour s'établir dans des pays voisins. L'émigration s'accélère après la fuite du roi. Certains châteaux sont pillés, l'Assemblée décide de mettre les biens saisis à la disposition de la Nation. De leur côté, les émigrés obtiennent l'aide financière de souverains étrangers pour former une armée. Vu de France, le danger semble considérable. Aussi, le 9 novembre 1791, l'Assemblée somme les émigrés de rentrer en France, mais le roi oppose son veto.

Gravure montrant le déménagement du clergé

Les Bleus s'en vont en guerre

Après la fuite manquée du roi, la guerre paraît imminente, les souverains européens craignant de voir les idées révolutionnaires gagner leur pays. Des volontaires proposent de partir aux frontières. Le 21 juillet 1791, l'Assemblée forme une nouvelle armée en plus de l'armée royale. Alors que le couple royal pense que les armées étrangères les libéreront, les députés Girondins, eux, sont convaincus d'une victoire rapide : ils veulent amener Louis XVI à se démasquer, et délivrer les peuples d'Europe. Le 20 avril 1792, la France déclare la guerre à l'Autriche.

Départ des volontaires pour la guerre (estampe)

LE BON CURÉ FACE À L'INTRUS

Avec l'arrivée des nouveaux curés assermentés dans les campagnes, la résistance s'organise. À l'Ouest, les paysans s'arment pour soutenir leur ancien curé réfractaire qui n'a plus le droit de célébrer la messe ; face à eux, la garde nationale est mobilisée pour imposer le nouveau curé jureur. Le 29 novembre 1791, l'Assemblée menace d'emprisonner ou de déporter les prêtres qui n'auraient pas prêté le serment civique dans les 8 jours. Le roi pose une nouvelle fois son veto. La révolte gagne le sud.

LA CHUTE DE LA ROYAUTÉ

La guerre aggrave les problèmes. Le 11 juillet 1792, la patrie est déclarée en danger. Les divisions politiques s'accentuent : les Girondins défendent désormais le roi, craignant que sa condamnation ne soulève de terribles réactions à l'étranger. De leur côté, les futurs Montagnards, alliés du petit peuple et menés par Robespierre, veulent son arrestation. En menaçant de détruire Paris, le chef des armées ennemies renforce l'esprit patriotique des sans-culottes, qui se soulèvent et obtiennent la chute de la royauté.

Un veto de trop

En juin 1792, 20 000 gardes nationaux de villes de provinces associées, les fédérés, sont appelés pour protéger Paris. Le roi y oppose son veto, tout comme il refuse la déportation hors du département des prêtres réfractaires. Ses ministres girondins lui demandent de revenir sur ces décisions, mais il les renvoie et les remplace par des Feuillants, plus modérés. Le 20 juin, les sans-culottes se fâchent et forcent les portes des Tuileries, où réside la famille royale. Pendant 2 heures, les émeutiers l'obligent à boire à la santé de la Nation et à coiffer le bonnet phrygien rouge des sans-culottes. Mais Louis XVI campe sur ses positions.

Les armées en déroute

L'armée française compte 130 000 hommes, souvent inexpérimentés et méfiants à l'égard de leurs chefs, pas assez nombreux, beaucoup d'officiers nobles ayant émigré. Les fusils sont excellents mais les munitions manquent. Dès le premier contact avec les hussards autrichiens, c'est la débandade parmi les Bleus, qui fuient en massacrant l'un de leurs généraux.

La patrie en danger

Au début du mois de juillet, l'inquiétude grandit encore avec l'entrée en guerre des Prussiens aux côtés des Autrichiens. Le 11 juillet 1792, l'Assemblée déclare la patrie en danger. Un nouvel appel aux volontaires a lieu : 84 500 fraîches recrues doivent aller renforcer les armées. La levée se fait parfois par tirage au sort.

Pour la déchéance du roi

Le 25 juillet, le général prussien Brunswick promet de semer la terreur dans Paris pour venger l'agression du roi. Mais il met le feu aux poudres : Robespierre et les sans-culottes des sections parisiennes réclament la déchéance du roi. L'Assemblée législative fait la sourde oreille. Les sans-culottes prennent d'assaut les Tuileries le 10 août. Ils remplacent la Commune légale de Paris par une Commune insurrectionnelle.

La prise des Tuileries, le 10 août 1792

Le peuple passe à l'action

Si la révolte du 14 juillet 1789 était uniquement menée par des Parisiens, celle du 10 août 1792 est nationale. La résidence du roi est protégée par la garde nationale et la garde suisse, mais lorsque les émeutiers forcent les portes des Tuileries, les gardes nationaux fraternisent avec les fédérés. Seuls les gardes suisses résistent ; ils seront massacrés. Le roi, suspendu de ses fonctions, est incarcéré avec les siens à la prison du Temple. Quant aux Girondins, ils ont perdu leur pouvoir au profit des Montagnards, alliés des sans-culottes.

Marches des fédérés marseillais

« ALLONS, ENFANTS DE LA PATRIE... »

Le 30 juillet, malgré l'opposition du roi, les fédérés marseillais arrivent à Paris sous les acclamations de la foule. Ils marchent en chantant un chant de guerre composé par le capitaine Rouget de Lisle pour l'armée du Rhin. Ce chant, baptisé *La Marseillaise* en leur honneur, deviendra l'hymne national officiel en juillet 1795.

L'AVÈNEMENT DE LA RÉPUBLIQUE

Après le coup de force du 10 août 1792, l'Assemblée législative est en perte de vitesse. La Commune insurrectionnelle prend finalement les rênes du pouvoir, avec, à ses côtés, le peuple, qui vit dans la terreur de l'arrivée des armées ennemies. Malgré une première victoire française à Valmy, la nouvelle Assemblée, nommée la Convention, naît dans un climat de violence et de peur le 21 septembre 1792. Ainsi débute l'an I de la République.

Le massacre des prisons

Dans l'atmosphère terrible qui fait suite au 10 août 1792, le bruit court qu'un complot se trame dans les prisons contre les sans-culottes. Marat, un journaliste révolutionnaire, fait placarder des affiches dans les rues et incite le peuple à juger lui-même les traîtres. Pendant ce temps, les Austro-Prussiens poursuivent leur marche vers Paris. Le 23 août, Longwy tombe, puis Verdun. Le gouvernement, désemparé, pense fuir la capitale. Les Girondins, soutenus par la bourgeoisie affolée, accusent la Commune de semer l'anarchie et réclament sa dissolution. Le 2 septembre au matin, des fédérés envahissent les prisons. 1 400 étenus royalistes, prêtres réfractaires, émigrés ou gardes suisses sont massacrés à coups de hache ou de sabre. La tuerie s'achève le 7 septembre.

La Commune de Paris

En attendant l'élection d'une nouvelle Assemblée, la législative doit partager le pouvoir avec le Conseil exécutif provisoire, qui reprend les fonctions du roi, ainsi qu'avec la Commune insurrectionnelle. Un tribunal criminel destiné au jugement des contre-révolutionnaires est créé. Ses membres font la loi dans Paris : ils entrent chez les gens, arrêtent les suspects...

Du 2 au 7 septembre 1792, sous l'influence de fausses rumeurs et par crainte de l'invasion étrangère, des ouvriers, artisans et pères de famille envahissent les prisons et massacrent un millier de prisonniers oyalistes.

L'OFFENSIVE FRANÇAISE

Longtemps défensive, l'armée française passe à l'attaque pour libérer les peuples voisins. Elle occupe plusieurs régions. Mais la guerre coûte cher. Aussi est-il très vite question de rattacher à la France les territoires envahis.

Après la fuite des Autrichiens, les sans-culottes dansent la ronde, symbole d'égalité, autour d'un arbre de la liberté.

Valmy, une première victoire pour la Nation

Le 20 septembre 1792, la victoire change de camp. Les soldats de Brunswick (chef de l'armée ennemie) n'ont pas pu se ravitailler en chemin, ils sont faibles et malades. Les troupes françaises tiennent la butte de Valmy malgré le feu des 54 canons prussiens. L'armée de Brunswick dresse le drapeau blanc et bat en retraite. Pour les Français, c'est le triomphe de l'armée de la Nation.

La nouvelle Assemblée : la Convention

Après la chute du roi, la Convention doit rédiger une nouvelle Constitution. Ses membres sont élus au suffrage universel masculin (seuls les hommes votent). Il y a une nouvelle répartition des députés à l'Assemblée. Les plus modérés, comme les Feuillants, ont disparu. La gauche est divisée en deux clans rivaux : les Girondins, menés par Brissot et Roland, veulent que la situation se stabilise ; les Montagnards, comme Marat, Danton et Robespierre, veulent que la Révolution continue. Au centre, la Plaine, dont font partie Sieyès et l'abbé Grégoire, oscille entre les deux camps. Réunie le 21 septembre 1792, la Convention abolit la royauté et proclame la République le 22 septembre.

LA FRANCE EN GUERRE

Une fois le roi jugé et décapité, la République doit « vaincre ou mourir ». Car les réactions arrivent de toutes parts. À l'extérieur, les pays d'Europe unissent leurs armées contre la France. À l'intérieur, le pays est au bord de la guerre civile. En Vendée, c'est une véritable guérilla qui s'engage. Les frontières du pays sont percées, l'armée recule. Les Montagnards profitent de la situation pour imposer leur politique radicale et éliminer leurs adversaires, les Girondins.

Le roi à l'échafaud

Le procès du roi renforce l'opposition entre Girondins et Montagnards. Les premiers essaient de retarder le procès, mais, le 20 novembre 1792, des documents découverts aux Tuileries prouvent que le roi correspond avec les monarques étrangers depuis 1789. Son procès débute en décembre. Les Girondins espèrent encore le sauver et demandent que ce soit le peuple qui décide de la sentence. L'appel est rejeté. La peine de mort est votée à 361 voix contre 360. Le 21 janvier 1793, Louis XVI est guillotiné place de la Révolution, à Paris (aujourd'hui place de la Concorde).

L'Europe contre la France

L'exécution du roi indigne les monarchies voisines. L'Angleterre s'inquiète de voir l'armée française mettre en péril son commerce en mer du Nord et en Méditerranée. La France prend les devants et déclare la guerre à l'Angleterre puis à l'Espagne. Très vite, l'Europe fait bloc contre elle. Les 300 000 nouveaux soldats recrutés en février 1793 ne suffisent pas. Les troupes reculent, le pays est envahi de tous les côtés.

Juste après l'exécution de Louis XVI, le 21 janvier 1793, l'un des bourreaux montre sa tête à la foule, qui applaudit en criant : « Vive la République ! ».

Un insurgé vendéen

L'ennemi à l'intérieur

En province, les paysans refusent de partir combattre aux frontières. Des émeutes éclatent dans le Sud, mais aussi en Normandie et en Bretagne. La Vendée est en état d'insurrection dès la mi-mars : les rebelles rejoignent le clan des nobles et des prêtres réfractaires pour former une armée au nom du roi et de la religion.

Danton

ÉTAT D'URGENCE

La Convention prend les mesures de salut public préconisées par les Montagnards : le 10 mars 1793, un nouveau Tribunal révolutionnaire est créé pour lutter contre les ennemis de la Révolution. Des représentants sont envoyés rétablir l'ordre en province et dans l'armée. Le 6 avril, un Comité de salut public voit le jour : ses douze membres, Danton à leur tête, sont chargés de prendre des décisions politiques rapides.

La fin des Girondins

Par ces mesures énergiques, les Montagnards l'emportent sur les Girondins, trop hésitants. Le 5 avril 1793, le club des Jacobins, dirigé par Marat, demande l'élimination des Girondins pour avoir voulu sauver la tête du roi. Le 12, les Girondins demandent l'arrestation de Marat pour incitation au meurtre. Il est finalement acquitté et porté en triomphe. Les Girondins s'en prennent ensuite au journaliste Hébert et menacent les sans-culottes. Ceux-ci répondent par une insurrection : le 2 juin, ils forcent la Convention à voter l'arrestation de 29 députés girondins. C'est la fin des Girondins.

LE GOUVERNEMENT RÉVOLUTIONNAIRE

Au lendemain du 2 juin 1793, la France est plus que jamais en danger. À situation exceptionnelle, mesures exceptionnelles : sous la pression des sans-culottes, les Montagnards instaurent une dictature. Un gouvernement révolutionnaire est mis en place, qui contrôle tout, l'armée, l'économie et même le temps. Le calendrier des chrétiens est remplacé par le calendrier républicain : l'histoire de France recommence le jour de la naissance de la République.

L'été de tous les dangers

Alors que les troupes étrangères continuent d'avancer, dans le Nord, en Savoie, dans le Roussillon, les Girondins qui ont échappé aux arrestations organisent la rébellion en province. À Marseille, à Lyon, la lutte contre le pouvoir en place est acharnée. Toulon reçoit le soutien de la marine anglaise. À l'Ouest, l'armée des Bleus échoue face aux Vendéens commandés par des nobles : Saumur tombe, puis Angers. L'assassinat de Marat par la jeune Charlotte Corday soulève l'indignation à Paris où les sans-culottes sont de plus en plus puissants.

Le gouvernement révolutionnaire

Pour faire face aux dangers, la Convention montagnarde met en place un gouvernement « révolutionnaire » constitué de deux comités : le Comité de salut public, qui concentre presque tout le pouvoir, et le Comité de sûreté générale, chargé de la police. Pour assurer son autorité en province, le Comité de salut public y envoie des représentants en mission.

Dans chaque commune, des comités de surveillance, dits « comités révolutionnaires », s'approprient le pouvoir local et traquent les suspects.

La dictature économique

Le gouvernement prend aussi l'économie en main. Sous la pression des sans-culottes, la Convention décrète la loi du maximum général le 29 septembre 1793 qui assure les produits de première nécessité à tous, et fixe le prix maximum du pain, de la viande, des grains, des légumes, du charbon... Un comité de subsistance surveille l'application de cette loi. L'État est partout, il contrôle l'agriculture, les salaires, dirige l'industrie de guerre, crée un comité de secours pour les sans-ressources, etc.

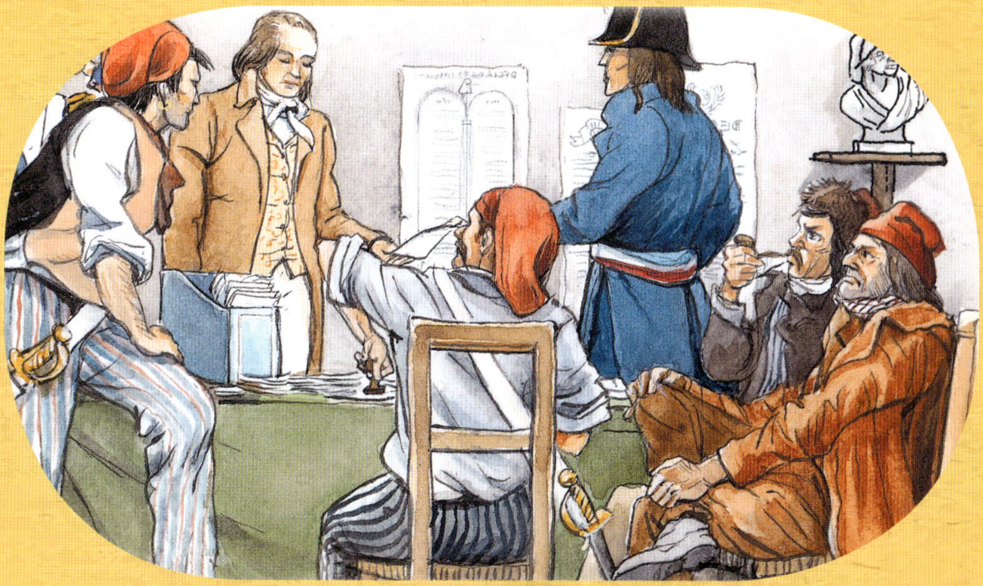

Le comité révolutionnaire fournit aux citoyens de passage dans une commune un certificat de civisme sans lequel ils sont déclarés suspects.

Tous unis pour la victoire

Le 23 août 1793, tous les Français de 18 à 40 ans doivent participer à l'effort de guerre. Tous les célibataires de 18 à 25 ans rejoignent l'armée. Armes et munitions font défaut : les hommes mariés sont chargés d'en fabriquer ; les femmes font des tentes et des habits ; les représentants en mission réquisitionnent lits et chaussures. Un grand nettoyage a lieu parmi les officiers : ceux qui sont hésitants sont remplacés par des hommes jeunes et méritants.

EN GUERRE CONTRE L'ÉGLISE

La guerre contre l'Église s'intensifie. Les sans-culottes parcourent les campagnes, abattent les statues de saints, brûlent les tableaux religieux, les bibles, les croix... Les révolutionnaires ne veulent plus du calendrier chrétien : un nouveau calendrier est adopté le 5 octobre 1793, qui débute le 22 septembre 1792, premier jour de la République. L'année est partagée en 12 mois, tous rebaptisés. Les communes et les rues portant des noms de saints sont également renommées, tout comme les jours, désormais associés à des noms de graines, d'arbres ou de fleurs.

SOUS LE RÉGIME DE LA TERREUR

L'armée victorieuse, les révoltés matés, rien ne justifie plus la Terreur. Pourtant, l'hécatombe continue. Après les nobles et les insurgés, ce sont les révolutionnaires qui passent à la guillotine. À la tête du Comité de salut public, Robespierre ne fait rien pour arrêter le massacre. C'est sur lui que vont se reporter tous les mécontentements. Le soulagement est général lorsque, à son tour, il est arrêté le 9 thermidor (27 juillet 1794) et exécuté le lendemain.

Les révoltés anéantis

En province, les révoltés contre le nouveau régime résistent avec acharnement. À Lyon, le siège est interminable. Mais les Montagnards gagnent la partie en octobre 1793. Toulon tient encore avec le soutien des Anglais. La ville sera prise grâce à un jeune capitaine : Bonaparte. À l'Ouest, les soldats de la République ne font pas de quartier. De janvier à mai 1794, les « colonnes infernales » des Bleus brûlent les villages vendéens, égorgeant femmes et enfants.

La Terreur à l'ordre du jour

L'arme des Montagnards, c'est la guillotine, surnommée « le rasoir national ». Elle coupe des têtes à plein régime depuis que le Comité de salut public a mis la Terreur à l'ordre du jour, en septembre 1793. Avec la « loi des suspects », tout opposant peut être emprisonné. Les comités révolutionnaires arrêtent à tour de bras... Au début, les suspects ont droit à de vrais procès, avec témoins et défenseurs. Puis, au printemps 1794, la Terreur s'emballe, il n'y a plus ni interrogatoire ni défenseur.

Pour en finir avec le désordre

Le gouvernement est réorganisé, la Plaine prend le pouvoir. Les prisons s'ouvrent. Sans-culottes et Jacobins sont à leur tour persécutés par des bandes de jeunes hommes riches : les muscadins. Des accords sont passés avec les rebelles de l'Ouest. La liberté des cultes est reconnue. La loi sur le maximum est abolie fin 1794 : les prix flambent. Affamé, le peuple, qui n'a plus ni chefs ni armes, n'est plus un danger. Les armées ennemies ne font plus bloc face à la France.

HÉROS HIER, TRAÎTRES DEMAIN

Le Tribunal révolutionnaire fait exécuter Marie-Antoinette le 16 octobre 1793 puis les Girondins, des Feuillants, des généraux… Mais la Terreur divise les Montagnards. Les indulgents, comme Danton, prônent la clémence ; les enragés, soutenus par les sans-culottes, réclament une politique plus dure. Hébert, l'enragé, dénonce Danton, compromis dans une affaire de corruption. Pour déjouer toute insurrection, le Comité de salut public fait arrêter et exécuter les enragés, puis les indulgents, au printemps 1794.

Marie-Antoinette

Camille Desmoulins

La chute de Robespierre

Les révolutionnaires tombent un à un. Robespierre ne fait rien pour arrêter le bain de sang. Il veut réunir le pays autour d'un nouveau culte voué à la nature et, le 8 juin 1794, il préside une cérémonie grandiose célébrant cette nouvelle religion. Homme fort du régime, il passe de plus en plus pour un tyran. Nobles, bourgeois, catholiques le haïssent. Le peuple, qui ne supporte plus la loi du maximum qui bloque les salaires, ne le soutient pas davantage. Le 26 juillet 1794 (8 thermidor), la Convention déclare Robespierre et ses amis hors la loi. Ils sont guillotinés le 10 thermidor.

L'armée met à profit les nouvelles inventions : le 26 juin 1794, à Fleurus, un ballon est utilisé pour la première fois pendant la bataille pour observer les mouvements ennemis.

L'ennemi vaincu aux frontières

Les soldats de l'an II de la République n'ont pas d'expérience, mais, portés par le patriotisme, ils se lancent à l'assaut en chantant *la Marseillaise*. Leurs chefs, Pichegru, Carnot ou Hoche, les mènent à la victoire : l'ennemi est repoussé. L'année 1794 est celle de la victoire.

LA RÉVOLUTION INACHEVÉE

1795 : un nouveau régime est en place, le Directoire, avec à sa tête les révolutionnaires de la première heure, bourgeois modérés partisans du profit et de la propriété privée. Si, à l'extérieur, l'armée française demeure un temps victorieuse, la misère et l'insécurité règnent dans le pays. L'opposition grandit à droite comme à gauche. Bonaparte, héros de la campagne d'Italie, profite des faiblesses du régime pour s'emparer du pouvoir le 9 novembre 1799, mettant fin à 10 ans de chaos.

Désastre économique et social

Quand le Directoire arrive au pouvoir, l'État n'a pas un sou. Il emprunte aux riches, mais ce n'est pas suffisant. La majorité des Français vit dans la misère, alors qu'une poignée de privilégiés se trouve à la tête de fortunes colossales. Ces inégalités favorisent l'agitation. À gauche, Gracchus Babeuf veut l'abolition de la propriété privée. Il organise un complot contre le Directoire, mais il échoue et est exécuté.

Le Directoire

De retour au pouvoir, les conservateurs suppriment le suffrage universel masculin et rétablissent le suffrage censitaire, réservant le vote aux hommes de plus de 21 ans qui s'acquittent de l'impôt. Les organes du pouvoir sont divisés : cinq Directeurs se partagent le pouvoir exécutif. Ils font appliquer les lois, nomment les ministres, dirigent la police et l'armée. Le pouvoir législatif est lui entre les mains de deux conseils élus : le Conseil des Cinq-Cents qui propose les lois, et le Conseil des Anciens qui les vote. Députés et Directeurs sont élus pour une courte période et toute réélection immédiate est impossible.

LA MENACE ROYALISTE

Les royalistes reprennent l'action. À l'Ouest, les rebelles reçoivent le soutien d'une armée d'Anglais et d'émigrés, mais les chefs seront exécutés au printemps 1796. À Paris, les royalistes complotent contre le gouvernement. Lors du renouvellement des assemblées, ils sont élus en grand nombre et projettent d'arrêter trois Directeurs parmi les cinq. Mais ceux-ci font appel à Bonaparte pour écraser le mouvement. Le Directoire se maintient en réprimant l'opposition et en annulant par la force les résultats des élections, qui penchent tantôt du côté des Jacobins, tantôt du côté des royalistes.

Le temps des généraux

En 1795, la Prusse, la Hollande et l'Espagne négocient des traités avec la France. Bonaparte, invincible lors de la campagne d'Italie, impose aux Autrichiens le traité de Campoformio en 1797. Jugé trop populaire, le jeune général est éloigné du pouvoir et envoyé en Égypte pour contrer les Anglais. Mais l'expédition égyptienne tourne mal et les états d'Europe s'unissent à nouveau contre la France. Bonaparte regagne alors Paris. Sieyès, abbé révolutionnaire et député du tiers aux états généraux, a mis au point un plan pour renverser le gouvernement et demande à Bonaparte d'exécuter le coup de force. Le lendemain du coup d'État du 18 brumaire, l'ambitieux général se fait nommer consul provisoire et commence à organiser son régime autoritaire.

La Révolution inachevée

C'en est fini de la Révolution. En 10 ans, elle a fait 700 000 morts et ruiné l'économie française. Mais elle a permis au pays de commencer à s'unifier en découpant les départements de manière homogène et en tentant de répandre l'usage du français à tout le territoire.
La Révolution a aussi imposé l'idée des droits de l'homme, même si elle-même les a beaucoup bafoués. Bonaparte reprendra l'idée envisagée dès 1793 d'un Code civil fixant les droits des individus dans la société. Il ne remettra pas en question la suppression des privilèges, mais annulera l'abolition de l'esclavage, acquise en 1794.

TABLE DES MATIÈRES

À LA VEILLE DE LA RÉVOLUTION **2**

LA NAISSANCE D'UNE NATION **4**

LA RÉVOLUTION EN MARCHE **6**

LE PARTAGE DU POUVOIR **8**

VERS UNE DEUXIÈME RÉVOLUTION **10**

LA CHUTE DE LA ROYAUTÉ **12**

L'AVÈNEMENT DE LA RÉPUBLIQUE **14**

LA FRANCE EN GUERRE **16**

LE GOUVERNEMENT RÉVOLUTIONNAIRE **18**

SOUS LE RÉGIME DE LA TERREUR **20**

LA RÉVOLUTION INACHEVÉE **22**

57, rue Gaston Tessier, CS 50061, 75166 Paris Cedex 19
www.fleuruseditions.com
Direction : Guillaume Arnaud
Direction éditoriale : Emmanuelle Braine Bonnaire
Conception de la collection : Émilie Beaumont et Jack Delaroche
Édition : Amandine Doubre
Conception graphique : Éric Laurin sous la direction de création de Élisabeth Hébert
Direction artistique : Bleuenn Auffret, assistée de Julien Di Giorgio
Mise en Page : Graph'M
Direction de fabrication : Thierry Dubus
Fabrication : Axelle Hosten

Loi n° 49-956 du 16 juillet 1949 sur les publications destinées
à la jeunesse, modifiée par la Loi n° 2011-525 du 17 mai 2011.
Dépôt légal : mars 2020
2e édition - N° d'édition : J20015
ISBN : 978-2-2151-6480-7 • MDS : 660354N1
Achevé d'imprimer en février 2020 en Italie
Par LEGO S.p.A par l'intermédiaire d'Ercom

IMPRIM'VERT®

Certifié PEFC
Ce produit est issu de forêts gérées durablement et de sources contrôlées
PEFC/18-31-280
www.pefc-france.org